# ZELIE,

## DIVERTISSEMENT NOUVEAU

## EN UN ACTE,

Repréfenté devant le ROI, pour la premiere
fois, fur le Théatre des petits Appartemens
à Verfailles, le 13 Février 1749 ; & remis
fur le même Théatre, en préfence de SA
MAJESTÉ, le 3 Février 1750.

*Imprimé par exprès Commandement de*
SA MAJESTÉ.

M. DCC. L.

ZELIE, Nymphe de
la Suite de Diane.     *Madame la Marquise*
*DE POMPADOUR.*

LINPHÉE, Sylvain.     *Monsieur le Marquis*
*DE LA SALLE.*

L'AMOUR.     *Madame DE MARCHAIS.*

SUITE DE L'AMOUR.

NYMPHES DES BOIS, SYLPHES ET SYLVAINS.

---

## *PERSONNAGES DANSANS.*

### UN PLAISIR.
Monsieur le Marquis *DE BEUVRON.*

### UN SYLVAIN.
Monsieur le Comte *DE MELFORT.*

### PLAISIRS.
Messieurs *Dupré, Balleti, Barois, Marcadet.*
Mesdemoiselles *Foulquier, Astraudi, Durand, Dorfeuil.*

### LES GRACES.
Mesdemoiselles *Puvigné, Camille, Chevrier.*

### UN AMOUR.
Monsieur *Piffet.*

### FAUNES.
Messieurs *la Riviere, Beat.*

### NYMPHES,
Mesdemoiselles *Puvigné, Camille.*

### AUTRES FAUNES.
Messieurs *Gougis, Rousseau, Lepy, Berterin.*

# ZELIE.

Le Théatre repréſente une Forêt.

## SCENE PREMIERE.

### ZELIE.

Eureuse liberté, dont j'étois ſi contente,
Faut-il vous perdre pour jamais ?

J'accompagnois Diane au milieu des Forêts :
Mon ame indifférente
Croyoit y fuir l'Amour & braver ſes attraits :
Je vis Linphée, & ſon ardeur conſtante
De mon cœur vint troubler la paix.

Heureuſe liberté, dont j'étois ſi contente,
Faut-il vous perdre pour jamais ?

Mais je vois l'Amant que j'adore ;

Si je ne puis éteindre dans mon cœur
Le feu cruel qui le dévore,
Cachons du moins mon trouble à mon Vainqueur.

## SCENE SECONDE.

### ZELIE, LINPHÉE.

#### LINPHÉE.

Nymphe, dans cet asile
Qui peut vous attirer ?
Votre cœur tranquile
Ignore le plaisir qu'on goûte à soupirer.
Ces Bois épais, & leur silence,
Ne doivent plaire qu'à l'Amour ;
Et le charme de ce séjour
N'est pas fait pour l'indifférence.

#### ZELIE.

Libre de crainte & de désirs,
Mon cœur ne connoît point de chaînes ;
Et comme l'amour a ses peines,
L'indifférence a ses plaisirs.

### LINPHÉE.

*Vous êtes de l'Amour le plus parfait ouvrage,*
*Vous enchaînez sous ses loix tous les cœurs ;*
*Quand tout cede par vous au plus doux des Vainqueurs,*
*Lui pouvez-vous refuser votre hommage ?*

### ZELIE.

*De la liberté*
*La tranquilité*
*Est l'heureux partage ;*
*Un cœur qui s'engage*
*Est trop agité :*
*Je crains l'Amour, je fuis son esclavage ;*
*Je n'ai jamais mieux senti l'avantage*
*De la liberté.*

### LINPHÉE.

*Quand votre cœur résiste au charme*
*D'un Dieu dont tout sent les appas,*
*C'est moins l'Amour qui vous allarme,*
*Que l'Amant qui ne vous plaît pas.*
*Vous voyez sans pitié le feu qui me dévore ;*

*Mais, malgré mes vœux méprisez,*
*Mon cœur chérit encore*
*Les tourmens que vous lui causez.*

### Z E L I E.

*Cessez une plainte inutile,*
*Cherchez à triompher d'un amour malheureux;*
*Mon ame, si je puis, sera toujours tranquile;*
*Epargnez des discours qui nous gênent tous deux,*
*Evitez de me voir.*

### L I N P H É E.

          *Eh! Le pourrai-je, Ingrate?*
   *En vain votre mépris éclate,*
*En vain vous m'accablez d'une injuste rigueur;*
    *Ne vous point voir est mon plus grand malheur.*
*Vos yeux ont fait mes maux, vos yeux seuls les soulagent;*
*J'adore leurs appas en craignant leur courroux;*
*Et mon cœur, que l'amour & le dépit partagent,*
*Redoute de vous voir, & ne cherche que vous.*

*Serez-vous insensible à l'amour le plus tendre?*
*Vous détournez les yeux! Vous ne m'écoutez pas!*

### ZELIE.

*Je souffre trop à vous entendre.*

### LINPHÉE.

*Vous me quittez. . . .*

### ZELIE.

*Ne suivez point mes pas.*

## SCENE TROISIÉME.

### LINPHÉE.

*Elle fuit, la Cruelle !*

*Toi qui causes mes maux, tu peux seul les guérir ;*
*Vole, Amour, vien me secourir ;*
*Triomphe d'un cœur rebelle,*
*Lance tes traits pour l'attendrir.*

*Mais ces concerts m'annoncent sa présence ;*
*Ce Dieu daigne écouter ma voix ;*
*Je sens naître l'espérance*
*Pour la premiere fois.*

*L'Amour descend des Cieux sur un Trône brillant,*
*environné des Graces, des Plaisirs, des Ris & des Jeux.*

# SCENE QUATRIÉME.

## L'AMOUR, LINPHÉE,
### SUITE DE L'AMOUR.

### L'AMOUR.

JE viens récompenser tes feux & ta constance ;
Livre ton cœur au plus flateur espoir.
Diane trop long-temps a bravé ma puissance ;
Que tout ce qui la sert éprouve mon pouvoir :
En comblant tes desirs, j'exerce ma vengeance.

Tendres Soins, Plaisirs enchanteurs,
Vous qui suivez toujours mes traces,
Accourez, conduisez les Graces,
Unissez vos attraits vainqueurs.

Entrée des Graces & des Plaisirs.

### L'AMOUR.

Servez un Amant fidelle ;
Par vos charmes puissans qu'il triomphe en ce jour
D'une Nymphe cruelle ;
Qu'elle apprenne à son tour
Que tout cede à l'Amour.

## LE CHŒUR.

*Servons un Amant fidelle,*
*Par nos charmes puiſſans qu'il triomphe en ce jour*
*D'une Nymphe cruelle ;*
*Qu'elle apprenne à ſon tour*
*Que tout cede à l'Amour.*

On danſe.

## L'AMOUR.

*Si quelquefois l'Amour cauſe des peines,*
*Par les plaiſirs il ſçait les réparer ;*
*Ne craignez pas de vivre ſous ſes chaînes,*
*Formez les nœuds qu'il vient vous préparer.*
*Il récompenſe*
*Tôt ou tard les ſoupirs,*
*Et les biens qu'il diſpenſe*
*Egalent les deſirs ;*
*S'il fait attendre*
*Ces doux momens,*
*C'eſt pour les rendre*
*Encor plus charmans.*

On danſe.

La Suite de l'Amour compoſe, en danſant, une Guirlande enchantée. A la fin du Divertiſſement on préſente la Guirlande à Linphée : le Trône ſur lequel l'Amour eſt deſcendu, diſparoît.

### L'AMOUR.

*Reçoi cette Guirlande,*
*D'aimables Enchanteurs viennent de la former;*
*A son charme invincible il faut qu'un cœur se rende :*
*La Beauté qui sçut t'enflammer*
*Va ressentir l'effet de sa puissance.*

### LINPHÉE.

*Dieu charmant, tes faveurs égalent mes souhaits.*

### L'AMOUR.

*L'Amour ne veut de ta reconnoissance*
*Que l'usage de ses bienfaits.*

Il sort avec sa Suite.

# SCENE CINQUIÉME.

### LINPHÉE.

*DE l'aimable Objet qui m'enchante!*
*Je vais enfin toucher le cœur :*
*Que pour mon ame impatiente*
*Tous les momens ont de lenteur !*

*Elle paroît, & sa présence*
*De mille attraits vient embellir ces lieux.*
*Pardonne, Amour, si malgré ta puissance,*
*Je tremble encore en voyant ses beaux yeux.*

# SCENE SIXIÉME.

## LINPHÉE, ZELIE.

### ZELIE, sans voir LINPHÉE.

*Je combats vainement le penchant qui m'entraîne ;*
*J'appelle à mon secours la raison, le devoir ;*
*Contre Linphée ils n'ont plus de pouvoir.*
*L'Amour, malgré moi, me ramène*
*Dans les lieux où je puis le voir.*
*Je l'apperçois ; fuyons.*

### LINPHÉE.

*Arrêtez, Inhumaine,*
*Que craignez-vous d'un amour malheureux ?*

### ZELIE.

*Je crains un Amant dangereux.*

### L I N P H É E.

Ah ! Du moins d'un regard adouciſſez ma peine.

### Z E L I E.

Il diroit plus que je ne veux.
Laiſſez-moi fuir.

### L I N P H É E.

Arrêtez, Inhumaine ;
Non, vous me haïſſez.

### Z E L I E.

Quel reproche, grands Dieux !
Liſez vous-même dans mes yeux,
Croyez-vous y voir de la haine ?

### L I N P H É E.

Du plus fidéle Amant partagez-vous les feux ?

### Z E L I E.

J'éprouvois un cruel martire
A cacher le ſecret qui vous eſt découvert ;
Jugez de ce que j'ai ſouffert,
Par le plaiſir que j'ai de vous le dire.

### LINPHÉE à part.

Don fatal ! Eh, ce n'est qu'à vous
Que je dois un aveu si doux.

### ZELIE.

Dieux ! D'où naît cette indifférence ?
Vous vous troublez..... Vous gardez le silence....
Quoi ! l'aveu de mes feux,
Quoi ! mon amour n'a plus rien qui vous flate ?

### LINPHÉE.

Hélas ! plus cet amour éclate,
Et plus il me rend malheureux.

### ZELIE.

Qu'entens-je ! De mon cœur quand je t'ai rendu maître,
Quand ma flamme à tes yeux ne craint plus de paraître,
Ton froid dédain ne peut se déguiser !
N'étoit-ce donc que pour la mépriser,
Que tu brûlois, Ingrat, de la connaître ?

### LINPHÉE.

Ah ! voyez à la fois mon crime & mes remords.

Cet aveu charmant, ces transports,

Sont l'effet d'un charme invincible :

Ces fleurs ont le pouvoir de rendre un cœur sensible.

Mais peut-on goûter un bonheur

Qu'on ne doit pas à ce qu'on aime ?

En jettant la Guirlande.

Je renonce à ce bien si cher à mon ardeur,

Si je ne puis l'obtenir de vous-même.

Le charme cesse d'agir sur ZELIE.

### Z E L I E.

Où suis-je ? Qu'ai-je dit ? Quelle foiblesse extrême !

Ah ! pour jamais je dois vous fuir.

### L I N P H É E.

Non, laissez-moi vous voir pour me punir.

Votre cœur un instant a partagé ma flamme ;

Dans vos beaux yeux, par l'Amour attendris,

J'ai lû le bonheur de mon ame ;

Je n'y verrai que des mépris ;

Je perds un bien dont j'ai connu le prix.

Mais l'Amour seul a fait le crime,

*L'Amour ne peut-il l'excuser ?*
*Ah ! si rien ne peut appaiser*
*Le courroux qui vous anime,*
*Plaignez du moins les maux qui me sont réservés.*

### ZELIE.

*Hélas !*

### LINPHÉE.

*Vous soupirez...*

### ZELIE.

*Ah ! Linphée...*

### LINPHÉE.

*Achevez.*

### ZELIE.

*Je devrois punir une offense*
*Que je pardonne à l'excès de vos feux.*
*Quand l'Amour m'a forcée à rompre le silence,*
*Il nous servoit également tous deux.*
*Un charme vous a fait connaître*
*Les sentimens de mon cœur amoureux,*
*Mais vous seul les aviez fait naître.*

### ENSEMBLE.

*Amour, lance tes traits vainqueur*

C ij

*Qu'il eft doux de porter tes chaînes!*
*Qu'un feul moment de tes douceurs*
*Récompenfe bien de tes peines!*
*Amour, lance tes traits vainqueurs.*

### LINPHÉE.

*Habitans de ces lieux tranquiles,*
*Faunes, Sylvains, accourez à ma voix.*

### ZELIE.

*Nymphes de ce fejour, Divinités des Bois,*
*Abandonnez vos doux afiles.*

### ENSEMBLE.

*Avec nous de l'Amour venez chanter les loix.*
Entrée des Divinités des Bois.

## SCENE SEPTIÉME.

### LINPHÉE, ZELIE, DIVINITÉS DES BOIS
qui arrivent en danfant.

### LINPHÉE.

Celebrez la victoire
*Du plus charmant des Dieux ;*

*Que par vos chants harmonieux*
*Son triomphe & sa gloire*
*Retentissent jusques aux Cieux.*

### LE CHŒUR.

*Célébrons la victoire*
*Du plus charmant des Dieux ;*
*Que par nos chants harmonieux*
*Son triomphe & sa gloire*
*Retentissent jusques aux Cieux.*

## SCENE HUITIÉME.

### LES ACTEURS de la Scéne précédente, L'AMOUR ET SA SUITE.

### L'AMOUR.

*J'Aime à voir éclater votre reconnoissance.*

*Que tout ressente dans ces lieux*
*Les doux plaisirs qu'inspire ma présence.*
*Régnez tendres Amours, brillez aimables Jeux ;*
*C'est en rendant les cœurs heureux,*
*Que je me plais à montrer ma puissance.*

On danse.

### ZELIE.

*Les traits que l'Amour lance*
*Sont toujours des traits vainqueurs ;*
*Il régne fur tous les cœurs ;*
*Pourquoi lui faire réfiftance ?*
*Cédons au plus puiffant des Dieux ;*
*L'effort qu'on fait pour fe défendre,*
*Ne fert qu'à rendre*
*Son triomphe plus glorieux.*

On danfe.

### L'AMOUR.

*Eft-il fans aimer*
*Des biens qu'un cœur defire ?*
*Non, non, l'Amour feul peut charmer ;*
*Doit-on s'allarmer*
*Des tranfports qu'il infpire ?*
*Non, non, laiffez-vous enflamer.*

### LE CHŒUR.

*Eft-il fans aimer*
*Des biens qu'un cœur defire ?*

Non, non, l'Amour seul peut charmer ;
Doit-on s'allarmer
Des transports qu'il inspire ?
Non, non, laissons-nous enflamer.

### L'AMOUR.

Dans ces lieux
J'ai choisi mon Empire :
L'air qu'on y respire
Est rempli de mes feux :
Ici tout soupire,
Que tout soit heureux ;
Régnez, aimable délire,
Comblez tous les vœux.

### LE CHŒUR.

Est-il sans aimer, &c.

### L'AMOUR.

Dans mes chaînes,
S'il est quelques peines,
Les soupirs
Font naître les plaisirs :

*Aimez sans vous contraindre :*
*Doit-on craindre*
*Sous mes loix ,*
*Lorsqu'on fait un bon choix ?*
*Dans ces Bois*
*Tout plaît, tout vous enchante :*
*Qu'ici chacun chante*
*Mille & mille fois :*

Avec le Chœur.

*Est-il sans aimer, &c.*

On danse.


# FIN.

www.ingramcontent.com/pod-product-compliance
Ingram Content Group UK Ltd.
Pitfield, Milton Keynes, MK11 3LW, UK
UKHW021021220726
13924UKWH00001B/119